Die Gretchenfrage nach der Gräte

All jenen gewidmet, die mit mir viele Jahre lang in der Automobilindustrie gearbeitet haben: Kollegen und Chefs.

Exposé

Das Automobil ruft schon in seiner Entstehungsphase erhebliche, von seinen zukünftigen Benutzern kaum oder gar nicht erkannte Verschleißphänomene hervor. Diese allerdings sind mit einem Werkstattbesuch mitnichten zu beheben.

Der Menschenverschleiß in der Automobilindustrie wird von keiner Statistik erfasst werden können. Er bleibt eine undefinierbare, auf das einzelne Individuum bezogene Größe. Wer aber die Möglichkeit hat, hinter die Kulissen zu schauen, wird schnell erkennen, dass unser Wahn nach uneingeschränkter Distanzbewältigung nur dank unzähliger menschlicher Opfer (quer durch die Hierarchien) befriedigt wird.

Sepp und Wanja müssen arbeiten, nur arbeiten. Sie können auch nur arbeiten, schuften, werkeln, sind längst zu leblosen, funktionierenden Statisten geworden, die kaum noch ein vernünftiges Gespräch führen können. Das sind aber auch ihre Vorgesetzten und all jene, die sich dafür halten. Klar konturierte Charaktere gibt es hinter dem Betriebszaun kaum noch, nur Funktionsträger, gewinngesteuerte Handlanger der Shareholder-Philosophie.

Realität und Absurdität treffen mit voller Wucht aufeinander und beginnen die Hierarchien durcheinanderzuwirbeln. Wer wohl am Ende auf der Strecke bleibt?

Vita des Autors

Anton Potche wurde 1953 in Jahrmarkt (rum.: Giarmata) / Rumänien geboren. 1973 legte er seine Bakkaulareatprüfung am Industrielyzeum für Maschinenbau in Temeswar ab und arbeitete anschließend als Maschinenschlosser. Ab 1984 war er bei Audi als Zerspanungsmechaniker beschäftigt. Heute lebt der Rentner in Ingolstadt. Potche hat viele Beiträge zu gesellschaftlichen und kulturellen Themen sowie Gedichte, Erzählungen und Übersetzungen aus dem Rumänischen in verschiedenen Zeitungen, Zeitschriften, Anthologien sowie im Internet veröffentlicht.

Anton Potche

Die Gretchenfrage

nach der Gräte

Schauspiel in zwei Akten

aus der Übergangsphase von der

Industrie 2.0 zur Industrie 3.0

Books on Demand

Bibliografische Information der Deutschen Nationalbibliothek:
Die Deutsche Nationalbibliothek verzeichnet diese Publikation in der
Deutschen Nationalbibliografie; detaillierte bibliografische Daten sind im
Internet über www.dnb.de abrufbar.

Herstellung und Verlag: BoD – Books on Demand, Norderstedt

ISBN: 978-3-7481-9167-4

Personen

Sepp Nummer (Arbeiter)
Wanja Krücke (Arbeiter, spricht mit einem harten, fremden Akzent)
Friedrich Radler (Port-Parole oder Gruppensprecher)
Herr Obermei (Production-Conducteur oder Produktionsleiter)
Herr Mittemei (Sachbearbeiter)
Herr Untermei (Meister)
Auditorin (Kontrollorgan)
Herr Miss (Betriebsrat)
Frau Kompro (Betriebsrätin)

In den Dialogen benützte Kürzel

PC (Production-Conducteur = Produktionsleiter)
PC (Personal Computer)
PP (Port-Parole = Gruppensprecher)
MPS (Merdi Produktion System; Merdi=Firmenname)
TMW (Totale Maschinen-Wartung)
OdA (Organisation des Arbeitsplatzes)
SM (Sicht-Management)
EVP (Ewiger Verbesserungs-Prozess)
VI (Verbesserungs-Idee)
AAB (Abarbeitungsblatt)
AAB-VL (Abarbeitungsblatt-Verfolgungslisten = ausgefüllte AABs werden dokumentiert)
ZKG (Zylinderkurbelgehäuse)

Erster Akt

Zwei mit einer Treppe verbundene Ebenen. Lichtver-
hältnisse in den zwei Ebenen: halbdunkel und hell, je
nach Handlung.

Oben

Büroraum mit drei PC-Arbeitsplätzen und einem run-
den Tisch mit sechs Stühlen. Die Wände sind bestückt
mit Arbeitsblättern (Analysen, Diagramme, dazwischen
Losungen). In einer Ecke steht ein Tafelständer mit
großen, unbeschriebenen, über den oberen Tafelrand
zurückschlagbaren Papierblättern. Auf einem Schrank
steht ein Kassettenrekorder.
*Die Herren **Ober- Mitte- und Untermei** arbeiten wort-*
los an ihren PCs.
Alle drei tragen schwarze Hosen und weiße Hemden.
***H. Obermei** trägt eine rote Krawatte, **H. Mittemei** eine*
*gelbe und **H. Untermei** gar keine. Letzterer hat über*
seiner Stuhllehne einen Meisterkittel mit roten Epaulet-
ten hängen.

Unten

Produktionshalle: ein Rollenband in Tischhöhe. Über
dem Band hängt eine Anzeigetafel die den Stückzahl-
stand mittels eines SOLL-Wertes und eines IST-Wertes
anzeigt. Bei Schichtbeginn stehen beide Werte auf Null.
Während die SOLL-Zahl automatisch im vorgegebenen
Taktzeitrhythmus steigt, zählt die IST-Zahl nur die tat-
sächlich gefertigten Werkstücke. Wenn das vorgegebe-
ne Arbeitstempo also nicht eingehalten wird entsteht
eine Differenz zwischen SOLL und IST.
Seitwärts steht ein Tisch mit der Überschrift Port-
Parole-Tisch. Über dem Tisch hängt eine mit Zeich-

nungen und Arbeitsanweisungen bestückte Arbeitstafel. *Wanja* und **Sepp** tragen graue Latzhosen und graue T-Shirts, **Friedrich** eine Latzhose mit roten Trägerschleifen.

Wanja misst mit einem Messdorn die Durchmesser der vier Zylinder eines Motorblocks (Fachsprache: Zylinderkurbelgehäuse- ZKG). Die Werte liest er auf einer mit dem Messdorn durch Luftschläuche verbundenen Skala ab. Dann schiebt er den Block mit der linken Hand auf dem Rollenband weiter, während er mit der rechten schon den nächsten Block heranzieht. Das gemessene Werkstück wird von **Sepp** übernommen und rundum sichtgeprüft. **Friedrich** nimmt den fertig geprüften Block und legt ihn zur Rechten **Wanjas** wieder aufs Band. Es vollzieht sich ein ewig anmutender, absurder Kreislauf.

Unten

Wanja *(beim Einführen des Messdorns in die vier Zylinderbohrungen)*: Eins ... zwei ... drei ... vier ... eins ... zwei ... drei ... vier ...

Sepp: ... und ... ein ... Maß ... Bier ...

Wanja: ... eins ... zwei ... drei ... vier ...

Sepp: ... und ... ein ... Maß ... Bier ...

Friedrich *(einen Grauguss-Motorblock von **Sepp** zu **Wanja** schleppend, spricht im Schritttempo.)*: In ... der ... Ru ... he ... liegt ... die ... Kraft.

Wanja: ... eins ... zwei ... drei ... vier …

Sepp: ... und ... ein ... Maß ... Bier. *(Trinkt aus einer Bierflasche.)*

Friedrich *(mit einem verächtlichen Blick auf **Sepp**)*: In ... der ... Ruhe ... liegt ... die ... Kraft. *(Macht eine Bewegung mit dem rechten Handrücken, so als wolle er sich den Schweiß von der Stirn wischen.)* Ich scheiß ihnen auf ihre Stückzahl ... Die können mich mal. *(Sitzt sich an den Porte-Parole –Tisch, nimmt Blätter von der Arbeitstafel und kontrolliert sie.)*

Sepp *(blickt sich nach **Friedrich** um, spricht mit sich)*: Fauler Hund! Das hat er als Erstes gelernt, sich von der Arbeit zu drücken.

Wanja: Der muss ja nicht mehr arbeiten. Nur Büroarbeiten machen.

Sepp *(schleppt die Blöcke selbst zu **Wanja**, keuchend)*: Die Jungen werden alle befördert und wir Alten müssen schuften. Den Arsch kannst du dir den ganzen Tag aufreißen.

Wanja: Mein Lehrmeister hat schon immer gesagt: Einen guten Arbeiter soll man nicht zum Chef machen.

Sepp: Das sind doch keine Chefs. Sind das Chefs? Kleine Gernegroße sind das, sonst nichts, gar nichts. *(Trinkt.)*

Friedrich *(zu **Wanja,** mit einem Papierblatt durch die Luft fuchtelnd)*: He, da ist nicht unterschrieben: Absolyt zusammenkehren.

Wanja: Ich streue nicht Hühnerfutter aus. Da ist kein Öl auf dem Boden. Nicht einmal ein Furz ist so trocken wie dieser Arbeitsplatz. Wo kein Absolyt liegt, kann ich auch nicht kehren.

Sepp *(greift höhnisch lachend zur Flasche, trinkt gierig)*: Solomon der Weise spricht, / Laute Fürze stinken nicht. / Vor den leisen hüte dich, / denn sie stinken fürchterlich. ... Musst halt vorher einölen und dann streuen und dann zusammenkehren. *(Noch ein Schluck.)*

Friedrich *(wütend zu **Wanja**)*: Du sollst unterschreiben, habe ich gesagt.

Sepp *(spöttisch)*: Wer schreibt, der bleibt.

Wanja: Ja, ja, komme schon. *(Geht zum Tisch, nimmt das Blatt und liest.)* Absolyt entfernen, Besen und

Schaufel, täglich, ein Mitarbeiter, ohne Produktions-stillstand. *(Unterschreibt, geht kopfschüttelnd an seinen Arbeitsplatz zurück).*

Sepp *(zu **Friedrich**)*: Ich muss mal eine Sitzung abhalten. *(Mimt eine Sitzstellung auf der Kloschüssel.)*

Friedrich: Ich hab jetzt keine Zeit. Das siehst du doch. Sauf nicht so viel, dann musst du auch nicht dauernd laufen.

Sepp *(vor Wut hochrot im Gesicht, rennt zum Tisch, greift nach herumliegenden Papieren und schreit mit sich überschlagender Stimme)*:
Die werde ich jetzt gleich brauchen, deine Papiere … Papiere ... Papiere! *(Verlässt fuchtelnd und schreiend den Raum.)*

Friedrich *(seelenruhig am Tisch sitzen bleibend, mit Verachtung)*: Saufbruder! Papier haben wir allerdings genug. Wenn du aber glaubst, dass ich deine Arbeit mache, dann täuschst du dich ganz gewaltig.

Wanja: ... eins ... zwei ... drei ... vier ... Se ... pperl ... braucht ... Pa ... *(Hält beim Messen plötzlich inne, weil seine Silben mit den vier Zylinderbohrungen des soeben gemessenen Blocks nicht übereinstimmen. Zieht den Block zurück, statt es mit dem nächsten zu versuchen.)* Sepp ... braucht ... das ... Pa... *(Zieht den Block wieder zurück.)* Sepp ... braucht ... Pa ... pier *(vergnügt)*... eins ... zwei ... drei ... vier ... Sepp ... braucht ... Pa ... pier. *(Die Teile beginnen sich langsam auf **Sepps** Seite zu stauen.)*

Friedrich *(springt unbeherrscht auf, rennt an **Sepps** Arbeitsplatz)*: Versoffener Glatzkopf! Dir werde ich's schon noch zeigen. *(Beginnt wie ein Verrückter drauf-los zu arbeiten.)*

Wanja: Der Mensch wird doch wohl noch aufs Klo dürfen.

Friedrich: Misch du dich nicht ein. Ihr seid alle gleich. Schau dir mal die Stückzahlen an. Wenn du glaubst, dass ich am Sonntag für euch arbeiten werde, dann liegst du weit daneben. Ihr werdet reinkommen, ihr ganz allein. *(Lässt plötzlich beim Heben einen Block fallen und greift sich ans Kreuz.)* Verdammt, mein Kreuz.

Wanja *(nur mehr Bohrung 1 und 3 messend)*: ... eins ... drei ... *(Schiebt den nächsten Block, ohne zu messen weiter.)* Stückzahl! *(Misst den folgenden Block wieder, doch nur die Bohrungen 2 und 4.)* ... zwei ... vier ... *(Nächster Block ohne Messung weiter).*

Friedrich: Mach langsamer! Siehst du nicht, dass die Teile sich stauen? Wo zum Teufel bleibt der so lange? *(Nimmt mit Mühe einen Block auf und schleppt ihn zu* **Wanja***.)*

Wanja: Das Arbeiten macht dir aber nicht mehr so gut. Jetzt bist du erst seit einem Monat Porte-Parole *(Spricht wie geschrieben mit e.)* und schon ist dein Kreuz kaputt. Pseudomanager tut die schwere Arbeit nicht gut, was? Oder lernt ihr das Nichtstun in dieser Schulung, wo du warst?

*(***Friedrich*** bleibt wie angewurzelt stehen und hält mit vor Staunen weit aufgerissenen Augen und offenem Mund einen Block in den Händen.)*

Wanja: Was glotzt du mich so an? Stell lieber den Block ab, sonst rutscht dir noch die Wirbelsäule zusammen.

Friedrich *(mit vor Wut krächzender Stimme)*: Du mieses Großmaul!

Wanja: Reg dich ab, Junge. Von dir beleidigt zu werden ist für mich Ehre. *(Spuckt verächtlich auf den Boden.)*

Friedrich *(hasserfüllt durch die Zähne knirschend)*:

Das zahle ich dir heim!

Wanja: Du kannst ruhig lauter reden. Und wie gesagt, auf deine Beurteilung pfeife ich. Das kannst du deinem PC ruhig so weitergeben.

*(**Sepp** taucht mit zwei Bierflaschen in der Hand auf. **Friedrich** schmeißt den Motorblock aufs Band und rennt mit geballten Fäusten an seinen Tisch. **Wanja** und **Sepp** tauschen ihre Arbeitsplätze. Die Produktion läuft wortlos weiter. Auf der Stückzahltafel wird die Differenz zwischen SOLL und IST langsam aber stetig größer. Das Telefon auf dem Tisch klingelt.)*

Friedrich *(hebt ab und führt den Hörer ans Ohr)*: Ja, Herr Obermei, ich komme sofort. *(Hastet die Eisentreppe zum Büro hinauf.)*

Oben

*(Oben hell, unten halbdunkel. Unten arbeiten **Sepp** und **Wanja** in ihrem gewohnten Trott weiter.)*

H. Obermei: So geht das nicht weiter.

H. Mittemei: Auf keinen Fall.

H. Untermei: Sie haben völlig recht, Herr Obermei.

H. Obermei: Ich habe euch doch gesagt, dass sich etwas ändern muss.

H. Mittemei: Ja, natürlich.

H. Untermei: Gestatten Sie, eine Idee zu haben?

H. Obermei: Nein. Wir müssen was unternehmen. Sofort!

*(**Friedrich** tritt ein)*

Friedrich: Guten Tag. *(Geht von Tisch zu Tisch und reicht auf der Route **Ober-Mitte- Untermei** jedem die Hand. Postiert sich nahe der Tür.)*

H. Obermei: Schauen Sie sich mal die Stückzahl an, Herr Radler. *(**Friedrich** schaut hinunter in die Produktionshalle.)* Und, was können Sie dazu sagen?

Friedrich: Die Teile sind sehr schwer und die Leute müssen auch ab und zu aufs Klo.

H. Mittemei: Sie müssen doch als Porte-Parole den verwaisten Arbeitsplatz sofort ausfüllen.

H. Untermei: Du musst das halt konsequenter machen.

Friedrich: Konsequenter? *(Kratzt sich verlegen am Hinterkopf.)*

H. Obermei *(verächtlich, belehrend)***:** Sie müssen das beständiger, beharrlicher machen. *(**Friedrichs** Miene bleibt ratlos und er sprachlos.)*

H. Mittemei *(sehr wichtig tuend)***:** Genau, das will Herr Obermei unterstreichen. Sie müssen Ihren Kollegen sofort vertreten, wenn er aufs Klo muss und nicht erst warten, ob er vielleicht schnell zurückkommt.

H. Obermei: Lassen Sie sich etwas einfallen. Arbeiten Sie effektiver mit. Wenn wir die Jahresstückzahl nicht schaffen, wird die ganze Fertigung anderen zugeschlagen. Es gibt genug im Konzern, die darauf warten.

Friedrich: Ja, Herr Obermei.

H. Obermei: Was ja? Also wenn Sie das wissen, gehen Sie jetzt an Ihre Arbeit. *(**Friedrich** verlässt den Raum.)* So geht das nicht weiter.

H. Mittemai: Auf keinen Fall.

H. Obermei *(zu **H. Untermei**)***:** Hatten Sie nicht eine Idee?

H. Untermei *(mit geschwellter Brust)***:** Danke, Herr Obermei, danke ... Schulung.

H. Mittemai: Ja, natürlich.

H. Obermei: Schulung? Nein!

H. Mittemai: Auf keinen Fall. *(Schüttelt energisch den Kopf.)*

H. Obermei: Zum Arbeiten benötigt man keine Schulung. Die richtige Einstellung zur Arbeit muss her.

H. Mittemei *(sich halb verbeugend zu* **H. Obermei***)*: Sehr wohl, sehr wohl.

H. Untermei: Sie meinen, unsere Mitarbeiter bräuchten einen Motivationsschub?

H. Obermei: Ja, genau das meine ich. Wir müssen ihnen unsere Abteilungsphilosophie anschaulicher vermitteln.

H. Mittemei: Ja, toll, so dass sie die auch verstehen.

H. Untermei *(Brummt sich angeekelt abwendend in den Bart.)*: Kriechtier!

H. Obermei *(streng zu* **H. Untermei***)*: Herr Untermei, ich rede mit Ihnen!

H. Untermei *(dreht sich um)*: Entschuldigung. Ich wollte nur kurz im PC ...

H. Obermei: Sie erstellen ab sofort einen verständlichen Leitfaden unserer Abteilungsphilosophie; und zwar in Form eines Handbuches ... Und Sie, Herr Mittemai, werden unsere Port-Paroles anhand dieses Büchleins einweisen. Die werden es dann den Arbeitern mit ihren Worten weiter vermitteln.

H. Mittemai: Genial!

H. Untermei: *(Schüttelt angewidert den Kopf.)*

H. Obermei *(zu* **H. Untermei***)*: Haben Sie Einwände?

H. Untermei: Aber nein.

H. Obermei: Dann los, an die Arbeit.

Unten

(Sepp und **Wanja** *arbeiten.* **Friedrich** *schleppt wütend Teile von* **Wanja** *zu* **Sepp***.)*

Friedrich: Macht langsamer. Ich habe Kreuzweh.

Sepp: Ich auch. *(Trinkt aus der Bierflasche.)*

(Wanja pfeift belustigt eine traurig klingende russische Volksweise.)

Friedrich: Hört Ihr nicht?

Wanja: Wir wollen eben nicht am Sonntag arbeiten.

Friedrich: Wenn wir die Stückzahl jeden Tag schaffen, wollen die noch mehr.

Wanja: Warum arbeitest du dann plötzlich mit?

Friedrich: Weil ihr zwei zu langsam seid.

Sepp: So, so? Das beißt sich. *(Trinkt. Greift sich zwischen die Beine.)* Meine Blase ist voll. *(Geht weg.)*

Friedrich *(lässt **Wanja** allein, geht an seinen Tisch und beginnt zu zeichnen.)*

Wanja *(arbeitet gelassen eine Zeitlang allein weiter, bis **Sepp** mit zwei Flaschen auftaucht.)***:** Du solltest endlich mal aufhören.

Sepp: Meine Alte war heute Nacht schon wieder nicht daheim.

Wanja: Was sollte sie da auch? In deinem Zustand bekommst du ihn bestimmt nicht mehr hoch.

Sepp: Denkste?... Hick ... Komm heute Abend ... Hick ... mit mir in den ... Puff ... und ...

Wanja *(lacht)***:** Du wirst die Arme nur zum Weinen bringen.

Sepp: Hick ... Die wird jodeln ... vor Befriedigung ... Hick.

Wanja: Aber nur wenn du ihr vorher deine hoffentlich gut gefüllte Brieftasche zeigst.

*(**Wanja** trägt die kontrollierten Teile zurück zu **Sepp**. Der trinkt immer gieriger und misst jetzt schon mit der Flasche statt mit dem Solex-Messdorn.)*

Wanja *(wirkt immer verbitterter)***:** Das ist doch keine Messerei mehr. Was denkst du, wenn die da oben das sehen?

Sepp: Arschlöcher!

Wanja: Geh lieber kurz an die Luft. Komm aber ohne Flasche zurück. *(**Sepp** ab, **Wanja** arbeitet allein weiter und schaut immer öfter zu **Friedrich**. Der blickt zwar*

kurz von seinem Blatt auf, macht aber keine Anstalten,
Wanja *zu helfen. Die Differenz zwischen SOLL und IST auf der Anzeigetafel wird immer größer.)*

Oben
*(**H. Untermei** präsentiert **H. Obermei** den Entwurf seines Mitarbeiterleitfadens. Er arbeitet mit einem Tageslichtprojektor.)*

H. Untermei *(unsicher)*: Ich habe den Menschen in den Mittelpunkt gestellt. Das entspricht unserer Abteilungsphilosophie. Unsere Mitarbeiter sollen sich mit unserem Produkt, also auch mit unserer Philosophie ... denn unser Produkt ist ja unsere ... nein, umgekehrt ... unsere Philosophie ist ja unser ... oder doch ... also kurzum ... unsere Mitarbeiter sollen sich damit identifizieren.

H. Obermei: Kommen Sie endlich zur Philosophie.

H. Untermei: Das ist nämlich die Identifikation mit unserem Produkt.

H. Mittemei *(den rechten Daumen in die Höhe streckend)*: Super! Der hat was drauf.

H. Obermei *(**Mittemei** ignorierend zu **Untermei**)*: Fahren Sie fort. Aber bitte etwas konkreter.

H. Untermei: Ich beginne mit dem Inhaltsverzeichnis.

H. Obermei *(ungeduldig)*: Weiter, zum Inhalt.

H. Untermei *(legt die erste Folie auf)*: Als erstes werden unsere Ziele aufgeführt, sprich Mitarbeiterzufriedenheit, Qualität, Termintreue und Produktivität. Dann folgt das Thema Arbeitssicherheit und als nächstes das wohl wichtigste, nämlich unser MPS. Alles was nun folgt ist Teil dieses Systems: TMW, OdA, SM, EVP, Teamwork.

H. Obermei: Haben sie vielleicht auch schon ein Probeexemplar anfertigen lassen?

H. Untermei: Ja, gestern wurde es in unserer Druckabteilung fertiggestellt.

H. Obermei: Zeigen Sie mal her. *(H. Untermei reicht ihm das in schwarzem Kunstleder gebundene Büchlein in Notizblockgröße A6. Obermei blättert es - eher gelangweilt - durch.)* Gut. Endlich ein übersichtlicher Leitfaden für unsere Mitarbeiter. Wir werden sie alle dementsprechend einweisen. Als erste die PPs. Diese Aufgabe werden Sie, Herr Mittemai, übernehmen. Die PPs werden dann die Arbeiter in einstündigen Gruppengesprächen trainieren. Dieses Kaskadenverfahren, das der Vorstand mir schon genehmigt hat, wird sofort gestartet; ich meine natürlich, wenn die Druckerei uns alle Leitfäden geliefert hat. Endlich ist es uns gelungen, unsere Sprache zu standardisieren. Es muss Schluss damit sein, dass jeder daherquatscht, wie ihm der Schnabel gewachsen ist.

H. Mittemei: Standardisierte Sprache! Oh ja! ... Toll! Endlich Standard!

H. Obermei: Wie alle unsere Prozesse. *(Direkt zu Mittemai.)* Eignen Sie sich den Inhalt dieses Büchleins an. *(Hält beim Blättern kurz inne und ließt etwas auf einer Seite.)* Wenn ich sie nachts um Zwölf wecke und frage, was eine Gräte ist, müssen Sie mir das aus dem FF erläutern können. Haben Sie das kapiert? Und das erwarte ich von allen Mitarbeitern dieser Abteilung.

H. Mittemei: Ja, im FF. Ich habe verstanden: im freien Fall.

H. Obermei: Das heißt Kaskaden, Sie I.....

H. Mittemei: *(unterwürfig)* Ja, natürlich, Herr Obermei. *(H. Obermei reicht ihm das Büchlein.)*

Unten
(Friedrich misst am Rollenband mit einem Meter. Er

will eine Schiefe Ebene installieren, auf der die Teile vom Sichtkontrolleur zurück zur Solex-Messstelle gleiten können. Das Zurücktragen der Teile würde dann gänzlich entfallen.)

Sepp *(kommt mit einer Flasche in der Hand zu **Wanja**)*: Geh wieder zum Messen ... Hick ... Siehst? Du schaffst es auch ohne mich.

Wanja: Ob mit dir oder ohne dich, das ist fast schon das Gleiche. *(Greift sich ans Kreuz.)* Das ist sowieso schon hin. Aber irgendwann wird unser überlasteter PP schon merken, dass er nicht nur zum Schreiben da ist.

*(**Friedrich** geht zum Rollenband und beginnt auszumessen und die Maße auf eine Zeichnung einzutragen, ohne **Sepp** und **Wanja** eines Blickes zu würdigen.)*

Sepp: Was machst du da?

Friedrich: Ich denke für euch.

Sepp: So, so ... willst du uns vielleicht ... Hick ... auch noch vermessen? ... Hick ... Sag schon ... Hick ... was das soll ... Meinen ... Hick ... Schniedel- ... Hick ... wutz willst du nicht mal messen?

Friedrich: Halt lieber die Klappe. Das soll eine Verbindung von dir zu Wanja geben, damit du die Blöcke nicht mehr schleppen musst. Der Produktionsrhythmus wird viel flüssiger. Schau mal auf die Stückzahlen.

Wanja: Du meinst, der Rhythmus wird schneller. Würdest du lieber hier helfen.

Friedrich *(höhnisch)*: Das werde ich bald. *(Rollt das Papier zusammen und steigt damit nach oben.)*

Oben

*(**Mittemei** ist allein im Büro. **Friedrich** tritt ein.)*

Friedrich: Herr Mittemei, ich habe eine VI geschrieben. Ich glaube, nein, ich bin mir sicher, die wird uns vorwärts bringen.

H. Mittemei: Hoffentlich ist sie besser als dieses Untermei-Produkt hier. *(Fuchtelt mit dem schwarzen Büchlein in der Luft herum.)*

Friedrich: Ich glaube schon. *(Reicht **H. Mittemei** das VI-Formular)*

H. Mittemei: Ich auch. Schauen Sie mal her, was da geschwollene Sätze drin stehen.

Friedrich: Meine schiefe Ebene wird ...

H. Mittemei: ... wird uns noch weiter abrutschen lassen. Was glauben Sie, was das kostet? *(Wirft einen flüchtigen Blick auf das VI-Blatt.)*

Friedrich: Das können unsere Schlosser ...

H. Mittemei: Einen vollen Monat hat der daran gearbeitet. Abgeschrieben von da und von dort. Jetzt soll ich das lernen.

Friedrich: So teuer wird das schon nicht.

H. Mittemei: Das ist es schon. Auch Ihnen muss ich das beibringen. Das kostet doch auch Zeit und Geld.

Friedrich: Wir werden aber schneller.

H. Mittemei: Durch das hier? *(Schwenkt das Büchlein dicht vor **Friedrichs** Gesicht.)*

Friedrich: Nein, durch die schiefe Ebene.

H. Mittemei *(entgeistert)***:** Durch was?

Friedrich: Durch meine VI.

H. Mittemei: Dafür bin ich nicht zuständig. Ich verantworte ab sofort das Schnellerwerden durch Motivation. Haben Sie das verstanden?

Friedrich: Ja ... das heißt ... nein.

H. Mittemei: Morgen halten wir eine Aktionskaskade ab. Um 10 Uhr im Kaskadenzimmer. Haben Sie verstanden?

Friedrich: Ja ... das heißt ... nein.

H. Mittemei: Notieren Sie sich diesen Termin. Ich schicke Ihnen auch eine Mail ... Noch heute.

Friedrich: Ich dachte morgen.

H. Mittemei: Die Mail, meine ich.

Friedrich: Morgen also.

H. Mittemei: Nein, heute.

Friedrich: Die Aktions ... ka ... ka ... *(Kratzt sich am Hinterkopf.)*

H. Mittemei *(schreit entnervt)***:** Kaskade! Kaskade! Morgen! Morgen!

Friedrich: Mail heute! Kaskade morgen! Gut. *(Geht bis zur Tür, dreht sich um.)* Entschuldigung! Meine VI.

H. Mittemei: Die wird Herr Untermei bearbeiten. *(Wirft das Blatt verächtlich auf **H. Untermeis** Arbeitstisch. **Friedrich** steigt die Treppe hinab.)*

Unten

*(Das Licht wird heller. Die Produktion ruht. **Sepp** und **Wanja** sitzen auf Holzstühlen. **Friedrich** steht vor einem Tafelständer und liest mit monotoner Stimme aus dem schwarzen Mitarbeiterleitfaden.)*

Friedrich: Zur Lösung von Problemen benutzt man die Problemlösetechnik der sogenannten „5-D-Erkennungen". Zur Beschreibung und Analyse eines Problems werden die folgenden Erkenntnisse schriftlich festgehalten:

Das   Das ist das Problem. Das ist die Auswirkung.

Darum   Darum ist es ein Problem.

Da   Da tritt das Problem auf.

Der   Der ist beteiligt. Der stellt das Problem fest.

Dann   Dann tritt das Problem auf.

(Blickt vom Büchlein auf.) Doch bevor wir das lernen, müssen wir wissen:

(liest): Wo liegen die Vorteile bei Problemlösungen?

- Es gibt eine gemeinsame Vorgehensweise für alle Mitarbeiter.

- Das Vertrauen der Mitarbeiter wird gestärkt.
- Die Eingriffszeiten werden reduziert.
- Die Sichtbarmachung und Dokumentation schaffen Transparenz.
- Die Zuständigkeiten werden übersichtlicher.
- Ausschuss- und Nacharbeitskosten sinken.
- Fazit: Wir werden besser und schneller.

*(**Sepp** und **Wanja** starren mit geweiteten Augen und offenen Mündern **Friedrich** an. **Friedrich** nimmt einen Malstift und erläutert weiter)*: Wir müssen systematisch vorgehen, um die „Lösung von Problemen" auch lösen zu können.

Wanja: Wie bitte?

Friedrich *(oberlehrerhaft)*: Na was heißt systematisch? Also schön der Reihe nach. Kapiert?

Wanja: Also mit dem Anfang beginnen.

Friedrich *(den Spott nicht merkend, von der Mitarbeit seines Kollegen beeindruckt)*: Richtig. Ich werde euch das hier visualisieren.

Sepp: Was?

Friedrich: Visualisieren, also zeigen.

Sepp: Oh! Na mach mal.

*(**Friedrich** wendet sich der Tafel zu und schreibt – aus dem Büchlein kopierend - oben aufs Blatt: **Die systematische Vorgehensweise – Überblick**. Dann zeichnet er einen Kreis, der an sechs Stellen mit den Zahlen **1** bis **6** unterbrochen ist. Die Zahlen bekommen die folgenden Überschriften zugeordnet: **1. Problembeschreibung, 2. Ursachenanalyse durchführen, 3. Maßnahmensammlung und -bewertung, 4. Maßnahmenentscheidung, 5. Maßnahmenumsetzung, 6. Wirksamkeitskontrolle.** **Sepp** zieht unter dem Stuhl eine Bierflasche hervor; **Wanja** blickt dauernd auf die Anzeigetafel, auf der die IST-Zahl still steht, und wiegt ungläubig den Kopf.)*

Friedrich *(dreht sich um, nimmt einen Stab und erklärt die Zeichnung)*: Also, was Ihr hier sieht *(Tippt mit dem Stab auf die Überschrift.)*, ist „Das systematische Vorgehen – Überblick"; *(sehr wichtigtuerisch)* natürlich ist damit ein Überblick gemeint. Also: Erstens – Problembeschreibung *(immer mit dem Stab im Uhrzeigersinn zeigend)*, zweitens – Ursachenanalyse durchführen, drittens – Maßnahmensammlung und -bewertung viertens – Maßnahmenentscheidung, fünftens – Maßnahmenumsetzung und sechstens – Wirksamkeit kontrollieren. Habt ihr das verstanden?

Sepp: Ja, immer im Kreis.

Wanja: Ganz wichtig: immer im Uhrzeigersinn.

Friedrich: In der Praxis läuft's ja auch so.

Sepp: Immer im Kreis.

Friedrich *(schaut die beiden unentschlossen an. Es scheint ihm zu dämmern, dass die sich über ihn lustig machen, greift aber dann doch energisch nach seinem Büchlein auf dem Tisch)*: Um diese systematische Vorgehensweise *(legt das Büchlein hin, nimmt den Stab und zeigt auf die Überschrift)*, also den Überblick ....

Wanja: ... nicht zu verlieren ...

Sepp: Ist das?

Friedrich: *(genervt)*: Was?

Sepp: Wie heißt das? ... Filo...., Fiso..., etwas mit Fifie.

Wanja: Ja, natürlich, Philosophie.

Friedrich *(aufbrausend)*: Ich erfülle hier einen Auftrag. Ist euch das klar? Das ist doch nicht auf meinem Mist gewachsen.

Sepp: Stinkt aber danach.

Friedrich *(wütend, wirft den Stab auf den Tisch, greift sich wieder das Büchlein)*: Wir benutzen also ab sofort zum Lösen von Problemen die Problemlösungstechnik

„5-D-Erkennungen". *(Liest gereizt, ohne den Blick zu heben.)* Zur Beschreibung und Analyse eines Problems werden die folgenden Erkenntnisse schriftlich festgehalten:

Das   Das ist das Problem. Das ist die Auswirkung.
*(**Wanja** fallen die Augen zu.)*
Darum   Darum ist es ein Problem.
Da   Da tritt das Problem auf.
Der   Der ist beteiligt. Der stellt das Problem fest.
Dann   Dann tritt das Problem auf.

Zu diesem Thema gibt es noch ein Diagramm. *(Schlägt das Blatt mit dem Kreis über die Tafel und zeichnet auf das neue Blatt eine waagerechte Gerade auf die fünf Pfeile zeigen, drei von oben und zwei von unten. Die Pfeile tragen die Überschriften – von oben links nach rechts und unten rechts nach links –:**Umgebung, Arbeiter, Anlage, Methode, Material**.)* Dieses Diagramm nennt man die Fischgräte. *(Er dreht sich um und sieht, dass **Wanja** eingeschlafen ist. Haut mit dem Stab auf den Tisch.)*

Wanja *(schreckt auf)*: Stückzahl! *(Blickt sich verstört um und lässt sich dann erschöpft zurück auf den Stuhl fallen.)*

Friedrich *(wirft den Stab voller Verachtung auf den Tisch, nimmt das Buch und liest mit resignierter Stimme)*: Umgebung, Arbeiter, Anlage, Methode, Material. *(Wirft seinen teilnahmslosen Kollegen einen verächtlichen Blick zu, blättert um und liest weiter.)* Abarbeiten von Problemen. Sich wiederholende Probleme werden systematisch abgearbeitet und dokumentiert. (Abarbeitungsblatt). Der Abarbeitungsblatt-Ersteller verantwortet für die Problembearbeitung. Das Original-Abarbeitungsblatt bleibt beim Ersteller. Wenn der Ersteller den folgenden Abarbeitungsschritt nicht vollziehen kann, reicht er eine Kopie weiter. Nach Erledigung dieses Schrittes muss die Kopie des Abarbeitungsblattes zu ihm zurück. Nach Erhalt einer Kopie des Abarbeitungsblattes ist sofort eine Rückmeldung an den Ersteller mit einem Maßnahmenkatalog zu schicken.

*(**Sepp** steht auf und kratzt sich zwischen den Beinen.)*

Wanja *(mit gähnender Stimme)*: Waschen, nicht kratzen.

Friedrich *(angewidert, mit verächtlich gerümpfter Nase)*: Wir kommen zu unserem letzten Punkt.

Sepp: Schon?

Wanja *(sich streckend)*: Schade!

Friedrich *(sich auf keine Diskussion mehr einlassend, blättert um und liest weiter)*: Standardfragen:
Kennen die Mitarbeiter das Problemabarbeitungssystem? - Ja, siehe Vorlage.
Hält die Gruppe sich an die Vorgaben? – Ja, siehe AAB.
Sind die Abarbeitungsstände der AAB bekannt? – Ja, siehe Gruppenarbeitstafel, die AAB-VL.
Sind die AAB aktualisiert? – Ja, siehe AAB.
Wurde die Problemstellung und anhand der 5-D-Erkennungen durchgeführt? – Ja, siehe Vorlage.
Ist eine Wirkung nach der Maßnahme zu erkennen? – Ja, siehe AAB.
Ist die Abarbeitungsblatt-Verfolgungsliste auf neuestem Stand und ist sie an der Gruppentafel einzusehen? – Ja, siehe Gruppentafel.
Haben alle Mitarbeiter an der Problemlösetechnik-Schulung teilgenommen? – Ja, siehe MPS.

(Pausensirene erklingt.)

Sepp & **Wanja** *(springen auf, schreien plötzlich hellwach)*: Jaaaaa!!! *(Rennen weg. Licht geht aus.)*

Oben

*(**Obermei, Mittemei,** und **Untermei** schreiten im Gleichschritt-Gänsemarsch durch das Büro, die Hände auf dem Rücken.)*

H. Obermei *(starrt auf die Anzeigetafel in der Halle)*: Stückzahl!

H. Mittemei: Stückzahl!

H. Untermei: Stückzahl!

H. Obermei *(nach einer Runde)*: Keine Ausbringung!

H. Mittemei: Keine Ausbringung!

H. Untermei: Wieso keine Ausbringung?

H. Obermei *(bleibt brüsk stehen, dreht sich um, schaut rechts von **H. Mittemei** zu **H. Untermei.** Dieser schielt ängstlich links an **H. Mittemei** vorbei in Richtung **H. Obermei.** Nach einigem Hin und Her treffen sich ihre Blicke.)*: Haben Sie keine Augen im Kopf? Sind das Stückzahlen? Da können Sie ihre Weihnachtsgratifikation vergessen.

H. Untermei *(bringt sich so in Stellung, dass er hinter **H. Mittemei** verschwindet.)*: Sie aber auch.

*(**H. Mittemei** erschrickt und duckt sich. **H. Obermei** und **H. Untermei** blicken sich plötzlich aufrecht stehend ins Angesicht.)*

H. Obermei: Was erlauben Sie sich?

H. Untermei *(mit ängstlich zitternder Stimme)*: Sie sagen doch immer, wir müssten an einem Strick hängen.

H. Mittemei *(richtet sich auf,)*: Ziehen! *(wieder runter.)*

H. Obermei: Ist Ihnen überhaupt bewusst, dass ich wegen diesen miserablen Produktionszahlen beim Vorstand antreten muss? Sie erstellen mir sofort eine Analyse mit plausiblen Erklärungen dieses Sachverhaltes. Haben Sie verstanden? Und Lösungsvorschläge, Lösungen, Lösungen und noch mal Lösungen. Wofür, zum Teufel, werden Sie bezahlt?

H. Mittemei *(richtet sich auf,)*: Schiefe Ebene! *(wieder runter.)*

H. Untermei: Schulung! Motivation! Kaskaden!

*(**H. Obermei** steht mit offenem Mund und weit geöffneten Augen sprachlos da.)*

H. Mittemei: *(richtet sich auf. Zu **H. Untermei**.)*: Ist schon unten?

H. Untermei: Was?

H. Mittemei: Der Fall durch die Hierarchien.

H. Untermei: Der Fall?

H. Mittemei: Die Motivation meine ich. Ist die noch nicht unten angekommen?

H. Untermei: Auf dem Boden?

H. Mittemei: Am Band.

H. Obermei: Wo ist das Resultat?

H. Mittemei *(dreht sich zu **H. Obermei** um.)*: Das wissen wir noch nicht. Das wird der anstehende Audit uns in zwei Wochen zeigen. Hoffentlich schneiden wir da gut ab. Das könnte unsere Weihnachtsgratifikation unabhängig von den Produktionszahlen retten.

H. Obermei: Nein, die Stückzahlen müssen stimmen. Wie erreichen wir die?

H. Mittemei: Vielleicht mit der schiefen Ebene?

H. Obermei: Wie bitte? Mit was?

H. Mittemei: Auf H. Untermeis Tisch liegt eine Verbesserungsidee für eine neue Transportmöglichkeit der ZKGs. Das könnte die Produktion wesentlich schneller machen.

*(**H. Obermei** hastet zum Arbeitsplatz des **H. Untermei** und unterschreibt, ohne zu prüfen.)*

Vorhang fällt

Zweiter Akt

Unten

*(Mobiliar, Rollenband und schiefe Ebene sind weiß gestrichen, ein auffallender Kontrast zu **Sepps** und **Wanjas** schmutzigen Latzhosen. Der Stuhl am PP-Tisch ist ein Bürostuhl ohne Armlehne. **Wanja** misst, schiebt das Teil auf dem Rollenband zu **Sepp**, der hebt es auf die schiefe Ebene, auf der es wieder zu **Wanja** gelangt. Etwa zehn Blöcke sind so im Umlauf. Das Messen geht in einem Trommelrhythmus vor sich, der aus einem Lautsprecher hallt.)*

Wanja *(singt.)***:** Brüder, zur Sonne, zur Freiheit, / Brüder zum Lichte empor. / Hell aus dem dunklen Vergangnen / leuchtet die Zukunft hervor. / Brechet das Joch der Tyrannen, / die uns so grausam gequält; / Schwenket die blutrote Fahne / über die Arbeiterwelt.

*(**Sepp** wendet die Teile, schaut sie an, hebt sie auf die schiefe Ebene. SOLL- und IST-Werte auf der Anzeigetafel sind gleich.)*

Wanja: Ich habe schon wieder Kreuzschmerzen. Verdammt!

Sepp: Ich habe Durst.

*(**Wanja** geht zum Tisch und lässt sich auf den Stuhl fallen.)*

Sepp *(nimmt eine Bierflasche unter dem Rollenband hervor und trinkt genüsslich in langen Zügen.)***:** Willst du wechseln?

Wanja: Ja. *(Steht auf und nimmt **Sepps** Platz am Rollenband ein.)*

Sepp *(hat beim Messen Probleme, den flotten Arbeitsrhythmus aufzunehmen.)***:** Scheiße! Das ist doch Sklaverei!

Oben

*(Langsam wird es im Büro heller. In einer Ecke steht ein geschmückter Weihnachtsbaum. **H. Obermei, H. Mittemei, H. Untermei** und **H. Radler** stehen vor der Glaswand und schauen hinunter in die Halle. Auch **H. Radler** ist wie die anderen gekleidet: Die IST-Zahl ist nur unwesentlich kleiner als das SOLL.)*

H. Obermei: Glückwunsch, Herr Radler.

H. Radler: Danke, Herr Obermei.

H. Untermei: Der Mitarbeiterleitfaden.

H. Obermei: Glückwunsch, Herr Untermei.

H. Untermei: Danke. Vielen Dank, Herr Obermei, aber die Idee kam doch von Ihnen.

*(**H. Mittemei** klatscht auffallend laut den gedämpft im Büro vernehmbaren Trommelrhythmus mit.)*

H. Obermei: Glückwunsch, Herr Mittemei.

H. Mittemei: Danke, das Tempo stimmt. *(Stellt das Klatschen ein und zeigt voller Genugtuung auf die Anzeigetafel.)*

H. Obermei: Man sieht, was eine gute Zusammenarbeit wirklich wert ist. Ich bin überzeugt, dass unser Vorstand uns auch heuer eine angemessene Weihnachtsgratifikation zuteilen wird.

H. Untermei: Soll ich den Sekt ...

H. Obermei: Nein, erst nach der Audit-Begehung.

Unten

Sepp *(lallend)*: Wie ...wieso ... sind ... die ... diese ... Tei ...Tei ... Teile ... so sch ... sch ... schwer?

Wanja: Die waren noch nie leichter.

Sepp: Der Stuhl ...

Wanja: ... ist zum Sitzen da.

Sepp: Die Flasche ...

Wanja: Stell sie endlich weg.

Sepp: ... ist ... ist leer.

Wanja: Wenn die kommen, verziehst du dich.

Sepp: Wer kommt?

Wanja: Die Audit-Kommission.

Sepp: Uns helfen?

Wanja: Uns ausfragen, du Depp.

Sepp: Wie vie ... viele Löcher ein Bl ... Block hat?

Wanja: Nein.

Sepp: Weißt du d ...das?

Wanja: Nein.

Sepp: Hick ... hick ... hun ... hundersechsun … und-vierzig.

Wanja: Das wollen die gar nicht wissen.

Sepp: Warum komm ... mm ...en sie dann?

Wanja: Die prüfen deine Prozessfähigkeit ...

Sepp: Hick ... hick ... Das war ich das ... hick ... hick ... letzte Mal ... hick ... noch.
Meine Alte ... hick ... hat ... gejohlt ... hick.

Wanja: ... und ob du unterschreiben kannst.

Sepp: Kann ich. *(Hält mit der Arbeit inne und blickt auf zu Wanja.)* Was unterschreiben?

Wanja: Alles.

Sepp: Auch wenn ... hick ... hi ... hi .. .meine Alte ... nachts ...

Wanja: Wenn du sie hier bumsen würdest, müsstest du jedes Mal unterschreiben.

Sepp: Wo?

Wanja: Na an der MPS-Tafel. Wo sonst? Hast du jedes Mal unterschrieben, wenn du beim Pinkeln warst? Die werden das prüfen.

Sepp *(starrt mit vor Schreck offenem Mund und aufge-rissenen Augen auf die Treppe zum Büro. Er zeigt mit zitternder Hand in die Richtung.)***:** Sie ... sie ...

Wanja: Was ist los? He!

Sepp: Sie ... sie ... kommen. Ich ... ich ... komm gleich. ... Ich ... ich ... muss mal ... kurz aufs Klo. *(Rennt weg.)* *(Eine **Auditorin, H. Obermei, H. Mittemei, H. Untermei** und **H. Radler** kommen die Treppe herunter. Zuerst begutachtet die **Auditorin** die Sauberkeit, dann die MPS-Tafel und erst zum Schluss den Produktionsablauf. Die **Auditorin** macht sich dauernd kurze Notizen in ein DIN A4-Heft. Nachdem alle dem allein arbeitenden **Wanja** eine gute Weile zugeschaut haben, gehen sie zu ihm ans Rollenband.)*

Auditorin: Guten Tag.

Wanja *(dreht sich um.)*: Guten Tag.

Auditorin: Darf ich Ihnen ein paar Fragen stellen? Das gehört zur Zertifizierung, die wir im Rahmen eines kompletten Systemaudits nach DIN IN ISO 2010 und DAV 2.8 durchführen.

Wanja *(kratzt sich verunsichert hinter dem rechten Ohr, so als ob er nicht richtig gehört hätte, während die vier Begleiter der Auditorin ihm aufmunternd zunicken.)*: Ja, schon, aber natürlich.

Auditorin: Können Sie mir sagen, was eine Fischgräte ist?

Wanja: Eine was?

Auditorin: Eine Fischgräte.

Wanja: Fischgräte ... Gräte

Auditorin: Sie wissen es bestimmt.

Wanja: Ja ... natürlich ... das ist ein Fischknochen ... nein ein Gerüst ... ich meine ... nicht ein Gerüst ... eine ... eine ... nein ... ein Skelett ...

Auditorin: *(sieht den blass gewordenen **H. Obermei** triumphierend an, während im Hintergrund **Sepp** herbeischwankt.)*: Ich denke, wir sollten die Frage etwas anders formulieren. Haben Sie schon etwas von einer Problemlösungstechnik gehört?

Wanja: Ja, ja, das hat unser PP uns vorgetragen.

Auditorin: Und das Wort „Fischgräte" haben Sie dabei nicht gehört?

Wanja *(eingeschüchtert)***:** Ich muss es wohl überhört haben.

Sepp *(war, bisher unbemerkt, bei der Gruppe ange-kommen.)***:** Du ... du ... hast geschlafen, als der Friedrich ... Entschuldigung ... *(sich gegen **H. Radler** verbeugend)* Herr Radler ... diese Fisch ...Fischkrähe ... gezeich ... chnet hat.

Auditorin *(zu **Sepp**)***:** Arbeiten Sie auch hier?

Sepp: Schon ... hick ... etwas länger als Sie. *(Schiebt sich durch die Herren-Gruppe und baut sich vor der **Auditorin** auf.)***:** Etwas ... länger ... junge Frau. *(Tippt der Frau mit dem Zeigefinger zwischen die Brüste. Die macht erschrocken einen Schritt zurück. Alle andern sind versteinert.)* Die ... müssen Sie schluck ... hick ... cken ... so eine Krähe ... dann vergeht Ihnen ... hick ... *(Führt die rechte Innenhand vornehm zum Mund.)* hick ... das dumme Fragen. *(Wanja flüchtet von den anderen unbemerkt hinter die MPS-Tafel.)*

Auditorin: Ich muss Ihnen auch noch andere Fragen stellen.

Sepp: *(zeigt theatralisch auf die Herumstehenden.)* Fragen Sie die da ... dic ... die ... werden für den Krampf bezahlt; ich fürs Arbeiten.

Auditorin: *(Fragt aus einem Mitarbeiterleitfaden-Exemplar ablesend unbeirrt weiter.)* Woher wissen Sie, was Sie zu tun haben.

Sepp: *(mit entschlossener, verächtlicher Stimme und plötzlich ohne Stammeln)***:** Blöde Frage. Wenn es mich drückt, na dann geh ich halt.

Auditorin: *(sich beleidigt und rachsüchtig umschau-end)***:** Herr Obermei, es hat wohl keinen Sinn, die Mitarbeiterbefragung weiter durchzuführen. Ihren zweiten Mitarbeiter hat es wohl auch gedrückt. Ich glaube, über eine Bewertung dieses Auditpunktes müssen wir uns nicht mehr unterhalten. Als erste Maßnahme würde ich Ihnen für diesen Mitarbeiter eine Alkoholentziehungsmaßnahme empfehlen. Wir werden im ersten Quartal des nächsten Jahres eine Nachauditierung durchführen müssen. Sie sind weit unter dem zu erreichenden SOLL von 98% geblieben. Es tut mir leid. Auf Wiedersehen, meine Herren!

H. Obermei, H. Mittemei, H. Untermei, H. Radler *(verneigen sich leicht.)*: Auf Wiedersehen und ein gesegnetes Weihnachtsfest!

*(**Auditorin** verlässt die Halle.)*

H. Obermei *(zu **H. Mittemei**)*: Das nennen Sie Mitarbeiterweiterbildung? Sie können Ihre Weihnachtsgratifikation vergessen. *(Entnervt ab.)*

H. Mittemei *(zu **H. Untermei**)*: Was hast du da für ein Zeug zusammengeschrieben? Du kannst deine Weihnachtsgratifikation vergessen. *(Ab.)*

H. Untermei *(zu **H. Radler**)*: Was hast du diesen Idioten da beigebracht? Die wissen ja gar nichts. Du kannst deine Weihnachtsgratifikation vergessen. *(Ab.)*

H. Radler *(rauft sich die Haare.)*: Idioten, Idioten, Idioten. *(Rennt hinaus.)*

Sepp *(sucht vergnügt nach seiner Flasche und nach **Wanja**.)*: He ... he ... Angsthase, wo steckst du? Komm raus. ... He ... Die kommen so schnell nicht mehr zurück.

Wanja *(kommt unentschlossen hinter der MPS-Tafel hervor.)*: Du bist von Sinnen. Was denkst du, was die mit uns machen? *(Lässt sich entmutigt auf den Stuhl fallen. **Sepp** trinkt genüsslich aus seiner Bierflasche. Licht wird schwächer. Es wird auf der Bühne stock-*

dunkel.)

Oben
(Das Büro ist leer. Es wird langsam heller. **H. Ober-mei, H. Mittemei, H. Untermei** *und* **H. Radler** *kommen nacheinander ins Büro und stellen sich vor die Glaswand. Sie blicken sprach- und reglos in die dunkle Halle. Dann wird es dort langsam heller. Die zwei Arbeitsplätze bleiben aber leer. Die Sirene heult zum Schichtbeginn. Der Trommelrhythmus setzt ein. Die SOLL-Zahl erscheint. IST-Stand verharrt bei Null.)*

H. Obermei: Wo ist der Mann. *(Zeigt auf* **Sepps** *Arbeitsplatz.)*

H. Mittemei: *(zu* **H. Untermei***)* Wo ist der Mann?

H. Untermei: *(zu* **H. Radler***)* Wo ist der Mann?

H. Radler: Auf Alkoholreha.

H. Obermei *(zeigt auf* **Wanjas** *Arbeitsplatz.)***:** Wo ist der Mann?

H. Mittemei *(zu* **H. Untermei***)***:** Wo ist der Mann?

H. Untermei *(zu* **H. Radler***)***:** Wo ist der Mann?

H. Radler: Auf Bandscheibenreha. Da, er kommt.

(Wanja humpelt an seinen Arbeitsplatz.)

H. Obermei: Er braucht Hilfe.

H. Mittemei: Man muss ihm helfen.

H. Untermei: Jemand muss ihm helfen.

H. Radler: Wer soll ihm helfen, wenn keiner da ist?

H. Obermei *(zu* **H. Mittemei***)***:** Sie?

H. Mittemei *(zu* **H. Untermei***)***:** Oder Sie?

H. Untermei *(zu* **H. Radler***)***:** Sie haben das doch schon gemacht.

*(***H. Radler** *wendet den Kopf ins Leere, verlässt das Büro, steigt hinab in die Halle und nimmt* **Sepps** *Platz ein, ohne* **Wanja** *zu grüßen.* **H. Obermei, H. Mittemei** *und* **H. Untermei** *stehen unbewegt und verfolgen die*

33

SOLL-IST-Entwicklung auf der Anzeigetafel.)
H. Obermei: Die Differenz wird immer größer.
H. Untermei *(nachdenklich, mehr zu sich selbst)*: Die Differenz.
H. Mittemei *(spöttisch)*: Die erhalten Sie, wenn Sie das SOLL vom IST abziehen.
H. Obermei: Sie Narr. Das ergibt ein Minus.
H. Untermei: Ein Minus?
H. Obermei: Nein, das ergibt nichts ... Gar nichts ... Verstehen Sie?
H. Mittemei: Nein ... oder doch ... ein Minus.
H. Obermei: Sie müssen das IST vom SOLL abziehen.
H. Mittemei: Aber sicher ... Entschuldigung.
H. Untermei: Freilich. Das ergibt dann das tatsächliche IST.
H. Obermei: Halten Sie endlich den Schnabel. Das ergibt ein Minus, habe ich doch gesagt.
H. Mittemei: Also doch SOLL vom IST?
H. Obermei *(hält sich mit beiden Händen die Ohren zu.)*: Nein ... nein ... Schauen Sie sich mal das an. Die Differenz wächst und wächst. Wir müssen etwas unternehmen. Meine Herren, an die Arbeit. Lasst euch etwas einfallen. *(Verlässt das Büro. **H. Mittemei** und **H. Untermei** eilen an ihre Computer. Das Licht wird schwächer.)*

Unten
Wanja *(wird immer langsamer am Solex-Messdorn.)*: Ich habe Schmerzen.
H. Radler *(verächtlich)*: Schauspieler! Hättet ihr beide euch nicht so blöd angestellt, wären wir heute nicht in dieser Situation.
Wanja: Oder anders gesagt, du könntest da oben herumsitzen und müsstest jetzt nicht hier arbeiten.

H. Radler: Das mach ich freiwillig, um dir zu helfen.

Wanja *(lacht.)*: Ha, ha, ha ... ha ... u, au, au ... *(Greift sich ans Kreuz und humpelt zum Stuhl, lässt sich drauf fallen.)*

H. Radler: Steh auf. Wir sind zum Arbeiten da.

Wanja *(voller Hass und Abscheu)*: Leck mich doch am Arsch, du Kriechtier.

H. Radler: Du sitzt nicht mehr lange da herum, das zeig ich dir.

Wanja: Wie denn?

*(**H. Radler** lässt die Arbeit liegen und rennt die Treppe hinauf ins Büro. Licht wird heller. **H. Mittemei** und **H. Untermei** schauen ihn fragend an.)*

H. Radler: So geht das nicht weiter. So können wir die Stückzahlen vergessen. Da helfen weder schiefe Ebenen ...

H. Mittemei & **H. Untermei** *(springen auf, schauen auf die Anzeigetafel.)*: ... noch Mit-ar-bei-ter-leit-fä-den.

H. Mittemei: Umsonst sind <u>wir</u> motiviert ...

H. Untermei: ... wenn die Arbeiter herumsitzen, statt zu arbeiten.

H. Radler: Wir müssen uns etwas Vernünftiges einfallen lassen.

H. Mittemei: Ein ncucs Programm.

H. Untermei: Wir arbeiten an einem neuen Programm.

H. Radler: Vielleicht ein Stühlevernichtungsprogramm?

H. Mittemei & **H. Untermei:** Stüh-le-ver-nich-tungs-pro-gramm!! Ja!! *(Sie rennen zurück an ihre Computer und beginnen auf ihren Tastaturen zu tippen.)*

Unten

35

*(**Wanja** schleppt sich an seinen Arbeitsplatz und arbeitet mühselig weiter, immer öfter auf die Hallenuhr schauend.)*

H. Radler *(nimmt triumphierend seinen Platz am Rollenband ein.)*: Ich könnte mir vorstellen, dass wir an Weihnachten arbeiten werden.

Wanja: Das ist absurd.

H. Radler *(hält in der Arbeit inne.)*: Absurd sind eure Stückzahlen. Unser Unternehmensindex ist im Fallen. Er fasst alle wichtigen Kennzahlen für die Zuverlässigkeit unserer Mitarbeiter zusammen. Der funktioniert wie ein Barometer: Steigt es, haben wir uns verbessert. Wenn es fällt, sind wir schlechter geworden.

Wanja: Was soll dieser geschwollene Quatsch? Arbeite lieber weiter, dass wir noch etwas rauskriegen.

H. Radler *(lacht übermütig.)*: Eile mit Weile, Junge. Heutzutage musst du mit dem Köpfchen arbeiten, dann kriegst du es nicht ins Kreuz. Ich habe meinen Kollegen im Büro soeben den richtigen Tipp gegeben. Damit werden wir die notwendigen Änderungsprozesse in die Wege leiten, um das Verhalten unserer Mitarbeiter zum Thema Zuverlässigkeit zu optimieren.

Wanja: Was zum Teufel quatscht du da zusammen? Redet Ihr so da oben miteinander? Das versteht ja keine Sau.

H. Radler: Tja, man muss schon einen gewissen Bildungsgrad erreicht haben, um den Anforderungen im Büro gerecht zu werden.

Wanja: Das klingt eher nach eingestucktem, sinnlosem Zeug, als nach brauchbaren Vorschlägen, was du da so von dir gibst.

H. Radler: Du verstehst eben wenig von den seelischen, emotionalen, psychischen und mentalen Faktoren, die ein Energie-Level definieren.

Wanja *(schaut auf die Anzeigetafel, schüttelt den Kopf, greift sich ans Kreuz und misst weiter.)*: Aber jetzt langt's wirklich mit diesen Fischgrätenphilosophien. So entsteht kein einziges Werkstück, aber wirklich kein einziges. *(Beide arbeiten wortlos weiter. Licht wird schwächer.)*

Oben

(H. Obermei kommt ins Büro)

H. Mittemei & H. Untermei *(springen auf.)*: Herr Obermei, wir haben die Lösung.

H. Obermei *(herabschätzend)*: Lasst hören.

H. Mittemei & H. Untermei *(stehen militärisch stramm.)*: Ein Stühlevernichtungsprogramm.

H: Obermei: Ein Stüh-le-ver-nich-tungs-pro-gramm?

H. Mittemei & H. Untermei: Jawohl!

H. Obermei: Lasst hören.

H. Untermei: Die ...

H. Mittemei *(schaut vorwurfsvoll zu H. Untermei.)*: ... Mitarbeiter in der Produktion sitzen den ganzen lieben, langen Tag herum.

H. Untermei: Wir haben sie beobachtet.

H. Mittemei *(philosophisch)*: Ohne Stühle können sie nicht sitzen.

H. Obermei *(geht konzentriert nachdenkend eine Weile im Büro auf und ab.)*: Das muss mit dem Betriebsrat abgestimmt werden. Rufen Sie Herrn Miss und Frau Kompro. *(H. Mittemei & H. Untermei rennen an ihre Computer-Tische und heben beide ihre Telefonhörer ab.)* Herr Untermei!

H. Untermei: Ja, Herr Obermei?

H. Obermei: Stellen Sie den Sekt bereit.

H. Untermei: Ja, sofort.

H. Mittemei *(legt den Hörer ab.)***:** Sie sind schon un-
terwegs.

*(**H. Untermei** nimmt eine Flasche Sekt aus dem Kühlschrank und stellt fünf Sektgläser auf den runden Tisch.
Er füllt die Gläser. Ein Klopfen an der Tür ist zu hören.)*

H. Obermei: Herein!

F. Kompro & H. Miss *(treten ein.)***:** Guten Tag. *(Hände schütteln.)*

H. Obermei *(sehr höflich, an der Grenze zur Arschle-
ckerei.)***:** Bitte nehmen Sie doch Platz. *(Alle nehmen an
dem runden Tisch Platz. **H. Obermei** führt **F. Kompro**
persönlich zu ihrem Platz, bietet ihr einen Stuhl an.)*
Wir haben uns gedacht, es wäre doch schön, wenn wir
uns zum Jahresausklang noch einmal zusammensetzen
würden. Schließlich und endlich haben wir ja einiges
zuwege gebracht in diesem Jahr und so manches wäre
ohne kooperative Zusammenarbeit unserer Gremien so
nicht realisierbar gewesen.

*(**F. Kompro** & **H. Miss** nicken dauernd zustimmend.
Sie sind sichtlich angetan von der Ehre, die ihnen hier
zuteil wird.)*

F. Kompro: Danke Herr Obermei. Wenn es ab und zu
mal ein bisschen fetzig zwischen uns zuging, dann war
das bestimmt immer auch nötig und hat sich letztend-
lich positiv auf die Firma ausgewirkt.

H. Miss: Die Interessen unserer Kollegen liegen uns
natürlich vorwiegend am Herzen. Dafür wurden wir ja
auch gewählt.

H. Obermei: Trotzdem muss ich Ihnen zugestehen,
dass Sie dabei die Zielsetzungen unseres Hauses nie aus
den Augen verloren haben. Darauf, glaube ich, dürfen
wir gebührend anstoßen. *(Greift zu seinem Glas, erhebt*

sich und spricht sehr feierlich.) Auf ein gedeihliches Miteinander auch im nächsten Jahr. Prost! *(Es wird angestoßen und im Stehen getrunken. Dann gemeinsames Hinsetzen.)*

F. Kompro & H. Miss: Die fundamentalen Interessen des Unternehmens sind selbstverständlich auch die Interessen unserer Kollegen.

H. Miss: Das ist diesen allerdings nicht immer so einfach zu vermitteln.

F. Kompro: Aber wir sind bemüht, als Betriebsräte unser Bestes zu geben.

H. Mittemei & H. Untermei: Ja, das merkt man schon.

H. Obermei: Lassen Sie uns bitte darauf noch einmal anstoßen.

*(**H. Untermei** füllt die Gläser. Man prostet sich zu und wünscht sich frohe Weihnachten. Aus dem Kassettenrekorder klingen Weihnachtslieder. Das Stimmengewirr und die Musik übertönen den bisher gedämpft hörbaren Trommelrhythmus aus der Halle. Das Licht wird schwächer. <u>Unten</u> arbeiten **Wanja** und **H. Radler** im Halbdunkel schweigend mit verbissenen Mienen weiter. Die Differenz zwischen SOLL und IST wird trotzdem stetig größer. <u>Oben</u> nimmt die Weihnachtsfeier im <u>Halbdunkel</u> ihren Lauf.)*

F. Kompro: Es tut uns leid, dass Ihre Abteilung nachauditiert werden muss.

H. Miss: Wenn man so nahe am Ziel vorbeirutscht, ist das sicherlich bitter. Aber die Realität sieht ja zum Glück viel besser aus und das wird unser Vorstand bestimmt zu schätzen wissen.

*(**H. Mittemei & H. Untermei** senken die Köpfe fast bis auf die Tischplatte und blicken von unten durch die Gläser über den Tisch zu **H. Obermei**.)*

H. Obermei: Ja, wenn dem nur so wäre ... Wir liegen seit dem Systemaudit auch mit unseren Produktionszahlen im Minus.

F. Kompro: Das ist uns aber neu.

H. Obermei: Ja, wissen Sie, wir wollten Sie eigentlich mit diesen wahrlich nicht angenehmen Nachrichten jetzt vor Weihnachten überhaupt nicht konfrontieren ... Aber man sollte ja gerade an diesen Tagen die Augen nicht vor der Wahrheit verschließen.

H. Miss: Sie haben doch erst vor kurzem ein neues Transportsystem eingebaut, das den Werkern die Arbeit sehr erleichtern soll, und man hat uns mitgeteilt, dass Sie mit ganz neuen Weiterbildungsmethoden – ich habe etwas gehört von einer Fischgrätenphilosophie – unsere Kollegen neu motiviert haben.

*(**H. Mittemei** & **H. Untermei** sinken in ihren Stühlen so tief, dass sie fast unter dem Tisch verschwinden.)*

H. Obermei *(presst die Lippen zusammen und kratzt sich verärgert hinterm Ohr, als hätte er nicht richtig verstanden.)***:** Es ist ... ja, es ist ... gar nicht so einfach, die Situation wahrheitsgetreu darzustellen ... aber, wie ich schon sagte ... sie, die Wahrheit, muss gerade an diesen Tagen triumphieren. Aber wie wäre es vorher mit einem Schluck? *(**H. Untermei** schnellt wie eine Feder auf und füllt die Gläser. Alle prosten sich zu, trinken, reden durcheinander. **Unten:** Lichtkegel auf **Wanja.** Der greift sich an den rechten Oberschenkel und humpelt zum Stuhl.)*

H. Miss: Sie sollten sich darüber nicht so sehr grämen. Vielleicht benötigen die Kollegen nur eine etwas längere Einarbeitungszeit mit der umgebauten Anlage.

F. Kompro: Die Menschen sind auch oder gerade in der Arbeitswelt sehr unterschiedlich. Den standardisierten Arbeiter, wie uns das einige gescheite Schreibtischökonomen weismachen wollen, gibt es nicht. Ebenso wenig wie es eine standardisierte Arbeitssprache und gar standardisierte Arbeitsrituale geben. Wenn man dem Werker die Chance gibt, sich auf das Wesentliche seines Auftrages zu konzentrieren, nämlich nach bestem Wissen und Gewissen zu arbeiten, ohne lästige und meist tätigkeitsfremde Zusatzaufgaben, die eher aus Daseinsberechtigungsagonien sich überflüssig fühlender Wasserkopfkröten als aus den Notwendigkeiten des Arbeitsalltags entstehen, wahrnehmen zu müssen, dann kommt er irgendwann mit jeder technischen Änderung seiner Produktionsanlage zurecht, ganz gleich ob das eine einzelne Maschine, komplexe Bearbeitungszentren oder Prüfstände sind.

(H. Mittemei & H. Untermei verschwinden ganz unter dem Tisch.)

H. Obermei *(steht mit finsterer Miene auf und geht mit den Händen auf dem Rücken im Büro auf und ab. Sein Blick senkt sich in die Halle. Er bleibt stehen und zeigt nach unten.)*: Dort, sehen Sie, ... *(Seine Stimme klingt rau und feindselig.)* das ist unser Problem ... so leid es mir für ihn (Zeigt auf **Wanja**.) und für Sie (Zeigt auf **F. Kompro & H. Miss**.) tut ... wir können uns mit den Modernisierungsmaßnahmen an unseren Anlagen noch so viel Mühe geben, wir können investieren bis zum finanzielle Kollaps, wenn unsere Werker den Auftrag, von dem Sie eben so überzeugend gesprochen haben, nicht verinnerlichen.

<u>**Unten**</u>
*(**Wanja** liegt mehr als er sitzt mit schmerzverzerrtem Gesicht auf dem Stuhl.)*

<u>**Oben**</u>

*(**F. Kompro** & **H. Miss** gesellen sich zu **H. Obermei** an die Glaswand. **H. Mittemei** & **H. Untermei** kriechen unter der Tischplatte hervor und postieren sich hinter **H. Obermei. H. Untermei** nimmt unbeobachtet einen schnellen Schluck aus der Sektflasche. Alle starren auf **Wanja. H. Radler** arbeitet allein, aber nicht im Trommelrhythmus, sondern viel langsamer.)*

H. Obermei *(dreht sich um, geht zum runden Tisch, setzt sich hin. Es bleibt halbdunkel im Raum. **F. Kompro** & **H. Miss** und **H. Mittemei** & **Untermei** gehen langsam zurück zum runden Tisch und nehmen ihre Plätze wieder ein.)*: Unser Sachbearbeiter schuftet wie ein Tier und der Werker ruht ... Ja, er ruht einfach ... sorglos auf einem gepolsterten Bürostuhl. Lümmelnd ... während IST hoffnungslos hinter SOLL zurückbleibt ... Wenn es so weiter geht, gefährden wir unsere ganze Jahresbilanz.

H. Miss *(nicht sehr überzeugend)*: Vielleicht hat der Mann gesundheitliche Probleme.

H. Untermei: Gestern hatte er noch keine.

H. Mittemei: Was da unten passiert, kommt einer Arbeitsverweigerung gleich.

H. Obermei *(schaut **H. Mittemei** & **H. Untermei** anerkennend an. Die beiden wachsen sichtlich in ihren Stühlen.)*: Nein, nein. Wir wollen unseren Mitarbeitern nichts unterstellen. Es ist bestimmt nur ein äußerst unglücklicher Zufall, dass Herr Nummer seine Alkoholkrankheit auskuriert und Herr Krücke gerade jetzt von einer Wintermüdigkeit befallen zu sein scheint.

F. Kompro: Also an Absicht wollen wir wirklich nicht denken. Nein, das ist ganz ausgeschlossen.

H. Obermei: Leider werden wir die geplanten Produktionszahlen so nicht erreichen. Wir müssen Sondermaßnahmen ergreifen.

F. Kompro: Und an was haben Sie dabei gedacht?

H. Obermei: Wir haben ein Sonderprogramm ausgearbeitet: ein sogenanntes Stühlevernichtungsprogramm. Wir wollen dabei erreichen, dass alle überflüssigen Stühle aus den Bereichen der Produktionsanlagen entfernt werden. Die Verlockungsgefahr, sich während der Arbeitszeit einfach hinzusetzen, wird so erheblich verringert und die Motivation unserer Mitarbeiter wird spürbar gestärkt werden.

H. Mittemei & H. Untermei: Bravo! Bravo! *(Beide applaudieren ihrem Chef.)*

F. Kompro & H. Miss *(neigen ihre Köpfe nachdenklich abwiegend hin und her.)***:** Na ja, na ja.

H. Obermei: Natürlich werden wir diese so wichtige Maßnahme für unser Haus nicht ohne die Zusage des Betriebsrates durchführen. Nur eine einvernehmliche Strategie kann uns zum Erfolg verhelfen ... Herr Untermei, unsere Gläser ...

H. Untermei: Entschuldigung. Fast hätte ich vergessen. *(Eilt zum Kühlschrank und entnimmt ihm noch zwei Flaschen Sekt und eine Flasche Schnaps. Er stellt auch Schnapsgläser dazu. Man prostet sich wieder zu und trinkt auch Schnaps.)*

Unten

(Das Halbdunkel wird beibehalten. **Wanja** *rafft sich auf und schleppt sich an seinen Arbeitsplatz.* **H. Radler** *steht und raucht gemütlich.)*

Wanja: Gott sei's Dank ist nächste Woche Heiliger Abend. Die paar Tage werde ich schon überleben.

H. Radler *(spöttisch)***:** Aber ohne Stuhl.

Wanja: Wie meinst du das?

H. Radler: Unsere Betriebsräte sind oben bei Obermei.

Wanja: Die feiern wohl da oben während ich hier unter Schmerzen schufte.

H. Radler: Da übertreibst du aber gewaltig. Auf-dem-Stuhl-Sitzen kann man wohl kaum schuften nennen.

Wanja: Meinst du mich? Ich hab' seit Tagen Schmerzen in der Bandscheibe. Jetzt zieht's mir schon runter ins rechte Bein.

H. Radler *(gehässig)*: Ich spür nichts und die dort oben auch nicht. Die werden sich vielleicht sogar um deinen Stuhl kümmern.

Wanja: Was meinst du damit?

H. Radler *(voller Schadenfreude)*: Lass dich überraschen. *(Lacht dreckig.)*

Oben

(Bleibt im Halbdunkel.)

F. Kompro: Na gut. Wenn es denn unbedingt sein muss.

H. Miss: Aber wir werden die Wirksamkeit dieser Maßnahme aufs Strengste verfolgen.

H. Obermei: Aber sicher. Das liegt in unser aller Interesse. *(Hebt sein Glas.)* Ich danke Ihnen vielmals. Prost!

*(Alle heben die Gläser, prosten sich zufrieden zu. Stimmengewirr. Licht erlischt, langsam auch die Beleuchtung am Weihnachtsbaum. Nur die Musik klingt im Dunkel weiter. Auch **Unten** versinkt in totaler Finsternis. Der Trommelrhythmus verstummt. Leise Weihnachtsmusik – mit viel Hall - beherrscht die ganze Bühne.)*

Unten

*(Langsames Gleiten aus der totalen Finsternis ins Halbdunkel. Der Stuhl ist verschwunden. **Wanja** kommt*

und nimmt seinen Arbeitsplatz am Rollenband ein. Die Startsirene erklingt. Es wird hell in der Halle. Der Trommelrhythmus setzt ein. **H. Radler** *kommt. Er hat noch immer die Bürokleidung an und begibt sich erst mal ins Büro.* **Wanja** *beginnt allein zu arbeiten, den vorgegebenen Rhythmus ignorierend. Erst nach einer guten Weile kommt* **H. Radler** *und nimmt* **Sepps** *Platz ein.)*

H. Radler *(halbherzig)*: Guten Morgen!

Wanja: Guten Morgen.

*(***Wanja** *nimmt von seiner Umwelt kaum Notiz.* **H. Radler** *blickt öfter verstohlen in Richtung der Arbeitstafel am verwaisten PP-Tisch. Die ganze Tafel ist mit einem braunen Packpapier zugedeckt. Auf dem Papier sind mit großer schwarzer Schrift einige Zeilen geschrieben.)*

Wanja: Ich bin in spätesten fünf Minuten wieder zurück.

H. Radler: Lass dir nur Zeit. *(Geht, nachdem* **Wanja** *weg ist, schnell zur Tafel und liest.)*

MANN: Setzen Sie sich, bitte. Setzen Sie sich. Die Damen zu den Damen, die Herren zu den Herren oder auch umgekehrt, ganz wie Sie wollen … bessere Stühle haben wir nicht … alles ist nur improvisiert … entschuldigen Sie … nehmen Sie den in der Mitte … Sie bekommen sofort einen Sitzplatz …

MANN: Es sind nicht genug Stühle da.

FRAU: O je, o je, o je, o je …

FRAU: Es sind keine Stühle mehr da, Schätzchen.

MANN: Meine Herrschaften, entschuldigen Sie bitte, es sind keine Sitzplätze mehr da.

MANN: Wer keinen Sitzplatz hat, kann sich an die Mauer anlehnen, rechts oder links …

Eugen Ionescu

*(zu dem zurückkommenden **Wanja**)* Wer hat das geschrieben?

Wanja: Was?

H. Radler: Diesen Schwachsinn dort an der Arbeitstafel. Das ist doch absurd. Das hat doch gar keinen Sinn.

Wanja: Ihr da oben *(Zeigt aufs Büro.)* schreibt doch den ganzen Tag Zettel. Was steht denn da drauf? *(Geht zur Tafel und liest, sich vergnügt das Kinn streichelnd. Dann auf eine Stelle des Blattes zeigend.)* Da steht doch wer's war. Der hat sich doch sogar unterschrieben: Eugen Ionescu.

H. Radler: Das ist nicht erlaubt.

Wanja: Was? Unterschreiben ist nicht mehr erlaubt? Das ist die beste Nachricht für heuer.

H. Radler: Die MPS-Tafel zu verhängen, das ist die reinste Sabotage. Wer war das?

Wanja: Na der wird es ja gewesen sein, dieser Ionescu.

H. Radler: Wir haben keinen Ionescu in der Abteilung.

Wanja: Es gibt ja auch noch andere Abteilungen in dieser Firma. Glaubst du, euer Stühlevernichtungsprogramm hat sich nicht herumgesprochen? Das ging doch wie ein Lauffeuer durch die Firma. Übrigens, was ist denn da dran so schlimm, an diesem Zettel?

H. Radler: Das ist eine Verarschung. Wir haben keine Stühle mehr. Basta! Also ist das absurd, was der da geschrieben hat.

Wanja: Aber immer noch vernünftiger als das meiste, was Ihr auf diese Tafeln klebt und in eure Fischgrätenheftchen schreibt und dann auch noch den Menschen beibringen wollt.

H. Radler: Wir werden den Burschen finden. Das sage ich dir. Obermei muss nur im Personalbüro anrufen. Dieser Kerl kriegt noch eine Weihnachtsbescherung. *(Wirft wutentbrannt seine Schutzhandschuhe hin, rennt *zur MPS-Tafel, reißt das Papier herunter und hastet die Treppe hinauf ins Büro.)*

Oben
(Licht. **H. Mittemei** *und* **H. Untermei** *sitzen an ihren Tischen.)*

H. Radler *(stürmt ins Büro.)*: Guten Morgen. Kennt Ihr einen Ionescu?

H. Mittemei & H. Untermei: Guten Morgen. *(Schauen sich verdutzt an und schütteln die Köpfe.)*

H. Mittemei: Einen Ionescu gibt es in unserer Abteilung nicht.

H. Untermei: Was willst du mit diesem Ionescu.

H. Radler *(reicht* **H. Mittemei** *das Papier.)*: Der hat hier diese Schmähschrift gegen unser so erfolgreiches ...

H. Mittemei: … und mittlerweile sogar vom Vorstand gutgeheißenes …

H. Untermei: … Stühlevernichtungsprogramm?

H. Radler: Ja, genau das … eine Schmähschrift hat dieser Hund geschrieben. Da können wir uns noch so viel den Kopf über Verbesserungsideen verbrechen, wenn andere sie aus Neid nur in den Dreck ziehen.

H. Mittemei & H. Untermei*(springen beide entrüstet auf.)*: Dieser Mitarbeiter muss entlarvt werden.

H. Mittemei: Er wird in einer anderen Abteilung arbeiten.

H. Untermei: Wir müssen im Personalbüro anrufen.

H. Mittemei: Das kann nur unser Chef.

H. Obermei *(stürmt ohne Gruß mit düsterer Miene ins Büro, knallt die Tür hinter sich ins Schloss.)*: Guten Morgen. Schon wieder Probleme?

H. Mittemei *(reicht* **H. Obermei** *das Papier.)*: Hier! *(Der liest.)*

H. Untermei: Sabotage!

H. Radler: Dieser Ionescu arbeitet nicht in unserer Abteilung.

H. Untermei: Wir müssen ihn aber identifizieren.

H. Mittemei: Könnten Sie vielleicht im Personalbüro …

H. Obermei *(hebt den Blick.)***:** … anrufen?

H. Untermei *(ergeben)***:** Ja, nur Ihnen wird man sagen …

H. Radler *(diensteifrig)***:** … wo dieser Mann arbeitet.

H. Obermei *(plötzlich sehr gelöst)***:** Ionescu? Ionescu? … Vielleicht Ionesco? Ionesco? Ionesco? *(Lacht ausgelassen.)* Der Arme ist irgendwann in den 90er Jahren gestorben. Den erwischen wir nicht mehr.

H. Mittemei & H. Untermei & H. Radler *(starren **H. Obermei** erschrocken an.)***:** Unser Beileid.

H. Obermei: Danke. *(Lacht ungehemmt und zerknüllt das Papier, wirft es in den Müllkorb und lässt sich in seinen Stuhl fallen.)* Herr Untermei, machen Sie mir bitte einen Kaffee. Aber stark. So stark wie möglich. Und schnell. So schnell Sie können. (**H. Mittemei** *und* **H. Radler** *starren sich fassungslos an, während **H. Untermei** einen Kaffee zubereitet. Licht wird schwächer, bis zur totalen Finsternis. Auch* <u>Unten</u> *wird es finster.)*

<u>Unten</u>

*(Nach einigen Minuten wird es langsam hell. Vor dem PP-Tisch steht an der Stelle des Stuhls ein Weihnachtsbaum mit vielen leuchtenden Kerzen. **H. Mittemei** misst mit dem Messdorn, **H. Untermei** macht Sichtkontrolle und legt die Werkstücke auf die schiefe Ebene, **H. Radler** schleppt noch zusätzlich Teile in völlig chaotischem und sinnlosem Hin-und-Her von einem zum anderen*

und wieder zurück, **H. Obermei** *marschiert um den Christbaum und gibt mit einer Trommel den Arbeits-rhythmus vor.)*

H. Mittemei *(im Trommelrhythmus die jeweils vier Zylinder eines Motorblocks messend und dabei spre-chend)***:** Wo … ist … Wan … ja? … Wo … ist … Wan … ja? … *(usw.)*

H. Radler *(im gleichen Rhythmus)***:** In … der … Re … ha … In … der … Re … ha … *(usw.)*

H. Untermei *(im gleichen Rhythmus)***:** Wo … ist … Jo … sef? … Wo … ist … Jo … sef? ... *(usw.)*

H. Radler: In … der … Re … ha … In … der … Re … ha … *(usw.)*

H. Obermei *(trommelnd marschierend und deklamie-rend)***:** Mer … di … Weih … nacht … Mer … di … Weih … nacht … *(usw.)*

(Der Trommelrhythmus wird immer schneller. Der SOLL-Wert steigt im Trommelrhythmus auch immer schneller. Die drei am Band werden in ihren Bewegun-gen immer langsamer und der IST-Wert steigt dement-sprechend auch langsamer. Zwischen den Bewegungen **H. Obermeis** *und den Bewegungen der drei anderen entsteht eine immer größere Diskrepanz.)*

H. Untermei: Halt, mein Kreuz. *(Greift sich an die Bandscheibe.)*

H. Mittemei: Ein Stuhl wäre jetzt nicht das Schlechtes-te.

H. Radler: Drei wären besser.

*(***H. Obermei** *wird unbändig schneller. Sein Trommeln wird zunehmend unrhythmischer. Die SOLL-Zahlen springen unlogisch durcheinander. Der Trommler scheint seine Umwelt immer weniger wahrzunehmen.)*

H. Mittemei *(mit dem Kopf auf **H. Obermei** deutend)***:** Der kann mich mal. Ich hol mir einen Stuhl. *(Steigt die Treppe zum Büro hinauf.)*

H. Untermei: Eine gute Idee. *(Folgt **H. Obermei**.)*

*(**H. Radler** folgt den beiden schweigend.)*

H. Obermei *(rennt um den Weihnachtsbaum und schreit hysterisch)***:** Stückzahl … Stückzahl … Stückzahl … Gratifikation … Gratifikation … Gratifikation … *(Wirft die Trommel weg.)* … Schneller … Schneller … Schneller … *(Zieht seinen Rock aus und wirft ihn weg.)* … Motivation … Motivation … Motivation … *(Zieht die Krawatte aus und wirft sie weg.)* … Leitfaden … Leitfaden … Leitfaden … *(Haarsträhnen kleben auf der schweißbedeckten Stirn. Wahnausbrüche sind klar erkennbar.)*

*(**H. Mittemei**, **H. Untermei**, **H, Radler** kommen mit je einem Bürostuhl in der einen und einer Sektflasche in der anderen Hand die Treppe herunter.)*

H. Mittemei *(zu **H. Radler**)***:** Kann man diese Tafel nicht ausschalten?

H. Radler: Natürlich *(Rennt weg.)*

H. Mittemei & H. Untermei *(starren erwartungsvoll auf die Tafel. SOLL und IST springen auf Null)***:** Bravo! Bravo! *(Klatschen begeistert in die Hände.)*

H. Radler & H. Untermei & H. Mittemei *(sitzen sich auf ihre Stühle vors Rollenband und stoßen an.)***:** Prost!, Prost! *(Sie trinken aus den Flaschen.)*

H. Obermei *(hält plötzlich in seinem Rennen inne, steht wankend und schaut mit vor Wahnsinn rot unterlaufenen Augen und verzerrten Gesichtszügen auf die drei Zecher … dann auf die Anzeigetafel … dann wieder auf die drei … usw. Er schreit mit heißer Stimme.)***:** Nein … nein … dort … Null. *(Zeigt mit zitternder*

Hand auf die drei Zecher.) … Ihr … Ihr . . . *(Greift sich mit beiden Händen an den Hals, schwankt.)*

H. Radler *(nimmt genüsslich einen langen Schluck)***:** Dem scheint eine Fischgräte im Hals zu stecken.

H. Mittemei & H. Untermei: Der braucht einen Stuhl.

H. Radler: Stuhl?

H. Untermei & H. Mittemei & H. Radler: *(sehr bestimmt deklamierend)***:** Es gibt keine Stühle mehr!

*(**H. Obermei** sinkt in sich zusammen, geht in die Knie. Von **Oben**, aus dem Büro auftauchend, senken sich langsam riesige Fischgräten auf die Akteure. Das Licht wird schwächer. Finsternis. Eine hell beleuchtete Zeitungsschlagzeile durchquert über den schwebenden Fischgräten die Bühne. Inhalt der Schlagzeile:* **MERDI HAT IM ZEHNTEN JAHR IN FOLGE SEINE BILANZ VERBESSERT***.)*

Ende

Anstelle eines Nachwortes

Der Weg dieses Schauspiels ins Rampenlicht

In meinem Tagebuch habe ich folgenden Eintrag gefunden: 25.03.2007 - Sonntag - 23:00 Uhr // Uhrzeitumstellung – so ein Schwachsinn. // 11:00 Uhr – Café Tagtraum (Parade-platz) – Frühstücksgespräch: Matthias Grätz (Chefdramaturg am Theater IN) mit Peter Mosch (Vorsitzender des Audi-Gesamtbetriebsrates) // Herr Grätz hat mir seine Visitenkarte gegeben, als ich ihm von meinem Theaterstück erzählte (nach dem offiziellen Teil der Veranstaltung). Ich werde ihm das Stück zum Lesen geben.

In einer Datei fand ich folgenden Word-Text gespeichert: 27.03.2007 // Herrn Matthias Grätz // Chefdramaturg am Theater Ingolstadt // Schlosslände 1 // 85049 Ingolstadt
Betreff: Manuskript „Die Gretchenfrage nach der Gräte"
Sehr geehrter Herr Grätz,
dieses Stück ist nicht zur Zeit der 1. Bitterfelder Konferenz (1959) entstanden – „Greif zur Feder, Kumpel!" -, sondern ca. 45 Jahre später, wo Arbeitstiere bräunigscher Färbung der Literatur längst abhanden gekommen sind. Trotzdem spucken sie noch in einigen Köpfen herum. Aus einem sol-chen ausbrechend, sind vereinzelte dieser Schatten ihrer selbst auf diesen Papierblättern gelandet. Landläufig nennt man das in einer anderen Welt angeblich Manuskript.

Und weil man auch Launen konsequent bis zum Ende (oder bis zur bitteren Neige) folgen soll, will ich Ihnen mein nach Ihrem letzten Frühstücksgespräch erwähntes Manuskript wirklich zur Einsicht überlassen.

Nur keine Sorge, es kann sich auch bisher nicht über fehlende Schubladengesellschaft beklagen.

Mit freundlichem Gruß
Anton Potche

In der September-Oktober-Ausgabe 2008 der Theaterzeitung *Rampenlicht* (Stadttheater Ingolstadt) ist folgende Annonce abgedruckt:

„Nachtdienst: Die Gretchenfrage nach der Gräte // Schauspiel von Anton Potche // Lesung, eingerichtet und betreut von Matthias Grätz.

Im ersten Nachtdienst der neuen Spielzeit stellen wir ein Stück von Anton Potche vor, das schon relativ lange in der Schublade liegt. Ähnlichkeiten mit Personen der Realität sind natürlich rein zufällig. Es führt uns in die Automobilindustrie und wurde von einem geschrieben, der dort selbst gearbeitet hat. Seinen Alltag bewältigte er durch dramatische Verarbeitung. Er hat einfach aufgeschrieben, was er erlebte. Doch der Verlag schickte es mit der Bemerkung zurück, dass die Zeit der absurden Dramatik vorbei sei. Und für Außenstehende wirkt es doch schon sehr lächerlich, was der Betroffene als sehr schmerzlich und wehmütig wahrgenommen hat. Das Stück, so der Autor, versteht sich nur als eine der vielen Fragen nach dem Sinn unsinniger Verhaltens- und Vorgehensweisen im gelebten Arbeitsalltag einiger Opfer der uneingeschränkten Hetze nach immer höheren Gewinnmargen der Industrie … Der Autor ist an diesem Abend anwesend.

31. Oktober 2008, Foyer/Großes Haus, 23.00 Uhr, Freier Verkauf"

Am 3. November veröffentlichte der DONAUKURIER eine Besprechung der szenischen Lesung unter dem Titel *Nachtdienst: „Audi-Art" im Foyer*:

Ingolstadt (ksd) Sie heißen Herr Obermei, Herr Mittemei und Herr Untermei. Dazu Friedrich Radler, Wanja und Sepp. Eine Frau Kompro gibt es noch. Und natürlich Anton Potche. Oder besser: Vor allem Anton Potche. Denn der, rumäniendeutscher Auswanderer und seit langen Jahren Audi-Arbeiter, erwies sich als Autor dieses ersten „Nachtdiensts" der Saison, in dem sich all die anderen Figuren trafen. „Im Foyer ist Audi-Art", erklärte, auf das vor der Theaterkasse aufgestellte Auto anspielend, Chefdramaturg Matthias Grätz, der auf einer Diskussionsveranstaltung auf Potche aufmerksam geworden war, „wir wollen nun auch die Kreativität in der Autoindustrie fördern." Ob das Potches Arbeitgeber gefällt? Oder er erschreckt ein „Stückvernichtungsprogramm" auf höchster Ebene konzipieren lässt?

Diese Fragen könnten sich nach der einstündigen nächtlichen Lesung „Die Gretchenfrage nach der Gräte" vergnüglich stellen. Denn Potches absurd-reale Story, von den Verlagen bisher abgelehnt, führt mitten hinein ins Arbeitsleben einer Automobilherstellerfirma. Unten schuften und schleppen Sepp (Hang zur Flasche), Wanja (bemüht trotz Bandscheibenschaden) und Friedrich Radler (halb auf dem Sprung in die höhere Etage) als „Werker" Motorblöcke sinnlos im Kreis, oben entwerfen Obermei (der Boss), Mittemei (der Ja-Sager) und Untermei (der Untertan) die gleich sinnlosen Konzepte zur Steigerung der Produktion, was sie durch Kreis(!)diagramme eindrücklich formulieren. Über allem aber menetekelt, von beiden Gruppen angstvoll beäugt, die Schrift: das „Soll" und das „Ist" der Produktion in großen Laufbandlettern. Wen wundert's, dass beide im Verlauf des Stücks immer weiter auseinanderdriften? Das „Ist" schließlich bei Null ankommt. Die Manager selbst werken müssen. Herrn Obermei sein „Stuhlvernichtungsprogramm" (kein Werker soll zum Ausruhen verleitet werden) nun zum Verhängnis wird. Und die Erfolge der Firma, wie die Presse meldet, so hoch sind wie noch nie zuvor.

Komisch, passgenau, pointiert absurd ist Potches Text – und fünf bestens Lesende aus dem Ensemble durfte der viel schreibende Autor als Gast im Publikum goutieren. Den immer souveränen Ralf Lichtenberg als um Aufstieg rödelnden Radler, Norbert Aberle als perfekt autoritären Obermei. Marcus Staab Poncet als bierfreundlichen Sepp mit Drang zu Klo und Flasche (und Mittemei, einer wunderbar subalternen Figur), Ulrich Kielhorn als Selbstausbeuter der alten Sorte Wanja (und ebenso eifriger Untermei). Und natürlich Julia Maronde. Die war Erzählerin, Auditorin (also Produktionsoberaufsichtsbehördenvertreterin) und Frau Kompro, die zum sozialistischen Redeschwall befähigte Betriebsrätin, in Personalunion. Man wechselt perfekt zwischen den Rollen, gebiert Bilder im Kopf. Von der modernen Arbeitswelt. Von Kreisen. Von bisher unentdeckten Talenten wie Herrn Potche.

Weitere Bücher von Anton Potche

Tausend Kilometer westwärts
Roman
Books on Demand, Norderstedt 2015
ISBN: 978-3-7347-5807-2
(auch als ePUB-eBook und Kindle-eBook)

Kurzprosa aus der Hecke und dem Spind
Prosa
Books on Demand, Norderstedt 2017
ISBN: 978-3-7431-6765-0
(auch als ePUB-eBook und Kindle-eBook)